VÍNCULOS

DATOS PERSONALES

NOMBRE

APELLIDOS

DIRECCIÓN

TELÉFONO MÓVIL

E-MAIL

DIRECCIÓN PROFESIONAL

TELÉFONO / FAX

E-MAIL

PÁGINA WEB

EN CASO DE ACCIDENTE AVISAR A

PAULO COELHO

VÍNCULOS

2025

Planeta

VÍNCULOS

Cada persona en la Tierra juega un papel
central en la historia del mundo.
Y normalmente no lo sabe.

EL ALQUIMISTA

2025

ENERO

	L	M	M	J	V	S	D
1			**1**	2	3	4	**5**
2	**6**	7	8	9	10	11	**12**
3	13	14	15	16	17	18	**19**
4	20	21	22	23	24	25	**26**
5	27	28	29	30	31		

FEBRERO

	L	M	M	J	V	S	D
5						1	**2**
6	3	4	5	6	7	8	**9**
7	10	11	12	13	14	15	**16**
8	17	18	19	20	21	22	**23**
9	24	25	26	27	28		

MARZO

	L	M	M	J	V	S	D
9						1	**2**
10	3	4	5	6	7	8	**9**
11	10	11	12	13	14	15	**16**
12	17	18	19	20	21	22	**23**
13	24	25	26	27	28	29	**30**
14	31						

ABRIL

	L	M	M	J	V	S	D
14		1	2	3	4	5	**6**
15	7	8	9	10	11	12	**13**
16	14	15	16	17	**18**	19	**20**
17	21	22	23	24	25	26	**27**
18	28	29	30				

MAYO

	L	M	M	J	V	S	D
18				**1**	2	3	**4**
19	5	6	7	8	9	10	**11**
20	12	13	14	15	16	17	**18**
21	19	20	21	22	23	24	**25**
22	26	27	28	29	30	31	

JUNIO

	L	M	M	J	V	S	D
22							**1**
23	2	3	4	5	6	7	**8**
24	9	10	11	12	13	14	**15**
25	16	17	18	19	20	21	**22**
26	23	24	25	26	27	28	**29**
27	30						

JULIO

	L	M	M	J	V	S	D
27		1	2	3	4	5	**6**
28	7	8	9	10	11	12	**13**
29	14	15	16	17	18	19	**20**
30	21	22	23	24	25	26	**27**
31	28	29	30	31			

AGOSTO

	L	M	M	J	V	S	D
31					1	2	**3**
32	4	5	6	7	8	9	**10**
33	11	12	13	14	**15**	16	**17**
34	18	19	20	21	22	23	**24**
35	25	26	27	28	29	30	**31**

SEPTIEMBRE

	L	M	M	J	V	S	D
36	1	2	3	4	5	6	**7**
37	8	9	10	11	12	13	**14**
38	15	16	17	18	19	20	**21**
39	22	23	24	25	26	27	**28**
40	29	30					

OCTUBRE

	L	M	M	J	V	S	D
40			1	2	3	4	**5**
41	6	7	8	9	10	11	**12**
42	13	14	15	16	17	18	**19**
43	20	21	22	23	24	25	**26**
44	27	28	29	30	31		

NOVIEMBRE

	L	M	M	J	V	S	D
44						**1**	**2**
45	3	4	5	6	7	8	**9**
46	10	11	12	13	14	15	**16**
47	17	18	19	20	21	22	**23**
48	24	25	26	27	28	29	**30**

DICIEMBRE

	L	M	M	J	V	S	D
49	1	2	3	4	5	**6**	**7**
50	**8**	9	10	11	12	13	**14**
51	15	16	17	18	19	20	**21**
52	22	23	24	**25**	26	27	**28**
1	29	30	31				

2026

ENERO

	L	M	M	J	V	S	D
1				**1**	2	3	**4**
2	5	**6**	7	8	9	10	**11**
3	12	13	14	15	16	17	**18**
4	19	20	21	22	23	24	**25**
5	26	27	28	29	30	31	

FEBRERO

	L	M	M	J	V	S	D
5							**1**
6	2	3	4	5	6	7	**8**
7	9	10	11	12	13	14	**15**
8	16	17	18	19	20	21	**22**
9	23	24	25	26	27	28	

MARZO

	L	M	M	J	V	S	D
9							**1**
10	2	3	4	5	6	7	**8**
11	9	10	11	12	13	14	**15**
12	16	17	18	19	20	21	**22**
13	23	24	25	26	27	28	**29**
14	30	31					

ABRIL

	L	M	M	J	V	S	D
14			1	2	**3**	4	**5**
15	6	7	8	9	10	11	**12**
16	13	14	15	16	17	18	**19**
17	20	21	22	23	24	25	**26**
18	27	28	29	30			

MAYO

	L	M	M	J	V	S	D
18					**1**	2	**3**
19	4	5	6	7	8	9	**10**
20	11	12	13	14	15	16	**17**
21	18	19	20	21	22	23	**24**
22	25	26	27	28	29	30	**31**

JUNIO

	L	M	M	J	V	S	D
23	1	2	3	4	5	6	**7**
24	8	9	10	11	12	13	**14**
25	15	16	17	18	19	20	**21**
26	22	23	24	25	26	27	**28**
27	29	30					

JULIO

	L	M	M	J	V	S	D
27			1	2	3	4	**5**
28	6	7	8	9	10	11	**12**
29	13	14	15	16	17	18	**19**
30	20	21	22	23	24	25	**26**
31	27	28	29	30	31		

AGOSTO

	L	M	M	J	V	S	D
31						1	**2**
32	3	4	5	6	7	8	**9**
33	10	11	12	13	14	**15**	**16**
34	17	18	19	20	21	22	**23**
35	24	25	26	27	28	29	**30**
36	31						

SEPTIEMBRE

	L	M	M	J	V	S	D
36		1	2	3	4	5	**6**
37	7	8	9	10	11	12	**13**
38	14	15	16	17	18	19	**20**
39	21	22	23	24	25	26	**27**
40	28	29	30				

OCTUBRE

	L	M	M	J	V	S	D
40				1	2	3	**4**
41	5	6	7	8	9	10	**11**
42	**12**	13	14	15	16	17	**18**
43	19	20	21	22	23	24	**25**
44	26	27	28	29	30	31	

NOVIEMBRE

	L	M	M	J	V	S	D
44							**1**
45	2	3	4	5	6	7	**8**
46	9	10	11	12	13	14	**15**
47	16	17	18	19	20	21	**22**
48	23	24	25	26	27	28	**29**
49	30						

DICIEMBRE

	L	M	M	J	V	S	D
49		1	2	3	4	5	**6**
50	7	**8**	9	10	11	12	**13**
51	14	15	16	17	18	19	**20**
52	21	22	23	24	**25**	26	**27**
1	28	29	30	31			

PLANNING ANUAL 2025

ENERO 2025

	L	M	M	J	V	S	D
1			**1**	2	3	4	**5**
2	**6**	7 ◐	8	9	10	11	**12**
3	13 ○	14	15	16	17	18	**19**
4	20	21 ◑	22	23	24	25	**26**
5	27	28	29 ●	30	31		

1 Año Nuevo
6 Reyes Magos

FEBRERO 2025

	L	M	M	J	V	S	D
5						1	**2**
6	3	4	5 ◐	6	7	8	**9**
7	10	11	12 ○	13	14	15	**16**
8	17	18	19	20 ◑	21	22	**23**
9	24	25	26	27	28 ●		

14 San Valentín

MARZO 2025

	L	M	M	J	V	S	D
9						1	**2**
10	3	4	5	6 ◐	7	8	**9**
11	10	11	12	13	14 ○	15	**16**
12	17	18	19	20	21	22 ◑	**23**
13	24	25	26	27	28	29 ●	**30**
14	31						

19 San José

ABRIL 2025

	L	M	M	J	V	S	D
14		1	2	3	4	5 ◐	**6**
15	7	8	9	10	11	12	**13** ○
16	14	15	16	17	**18**	19	**20**
17	21 ◑	22	23	24	25	26	**27** ●
18	28	29	30				

17 Jueves Santo
18 Viernes Santo
20 Domingo de Resurrección
21 Lunes de Pascua

MAYO 2025

	L	M	M	J	V	S	D
18				**1**	2	3	**4** ◐
19	5	6	7	8	9	10	**11**
20	12 ○	13	14	15	16	17	**18**
21	19	20 ◑	21	22	23	24	**25**
22	26	27 ●	28	29	30	31	

1 **Día del Trabajo**

JUNIO 2025

	L	M	M	J	V	S	D
22							**1**
23	2	3 ◐	4	5	6	7	**8**
24	9	10	11 ○	12	13	14	**15**
25	16	17	18 ◑	19	20	21	**22**
26	23	24	25 ●	26	27	28	**29**
27	30						

24 San Juan Bautista

JULIO 2025

	L	M	M	J	V	S	D
27		1	2 ◐	3	4	5	**6**
28	7	8	9	10 ○	11	12	**13**
29	14	15	16	17	18 ◑	19	**20**
30	21	22	23	24 ●	25	26	**27**
31	28	29	30	31			

25 Santiago Apóstol

AGOSTO 2025

	L	M	M	J	V	S	D
31					1 ◐	2	**3**
32	4	5	6	7	8	9 ○	**10**
33	11	12	13	14	**15**	16 ◑	**17**
34	18	19	20	21	22	23 ●	**24**
35	25	26	27	28	29	30	**31** ◐

15 Asunción de María

SEPTIEMBRE 2025

	L	M	M	J	V	S	D
36	1	2	3	4	5	6	**7** ○
37	8	9	10	11	12	13	**14** ◑
38	15	16	17	18	19	20	**21** ●
39	22	23	24	25	26	27	**28**
40	29	30 ◐					

OCTUBRE 2025

	L	M	M	J	V	S	D
40			1	2	3	4	**5**
41	6	7 ○	8	9	10	11	**12**
42	13 ◑	14	15	16	17	18	**19**
43	20	21 ●	22	23	24	25	**26**
44	27	28	29 ◐	30	31		

12 Nuestra Señora del Pilar y Día de la Hispanidad

NOVIEMBRE 2025

	L	M	M	J	V	S	D
44						**1**	**2**
45	3	4	5 ○	6	7	8	**9**
46	10	11	12 ◑	13	14	15	**16**
47	17	18	19	20 ●	21	22	**23**
48	24	25	26	27	28 ◐	29	**30**

1 Todos los Santos

DICIEMBRE 2025

	L	M	M	J	V	S	D
49	1	2	3	4	5 ○	**6**	**7**
50	**8**	9	10	11 ◑	12	13	**14**
51	15	16	17	18	19	20 ●	**21**
52	22	23	24	**25**	26	27 ◐	**28**
1	29	30	31				

6 Día de la Constitución Española
8 Inmaculada Concepción de María
25 Navidad

ENERO

Caos

Las emociones son salvajes
y se precisa sabiduría para
controlarlas.

BRIDA

El amor no obedece a nadie y traiciona a los
que intentan descifrar su misterio.

LA ESPÍA

1			**1**	2	3	4	**5**
2	**6**	7	8	9	10	11	**12**
3	13	14	15	16	17	18	**19**
4	20	21	22	23	24	25	**26**
5	27	28	29	30	31		

1 Miércoles *Año Nuevo*

2 Jueves *Santos Basilio y Gregorio*

3 Viernes *Santa Genoveva*

4 Sábado *Santa Isabel Seton*

El miedo a sufrir es peor que el propio sufrimiento.

EL ALQUIMISTA

1			**1**	2	3	4	**5**
2	**6**	7	8	9	10	11	**12**
3	13	14	15	16	17	18	**19**
4	20	21	22	23	24	25	**26**
5	27	28	29	30	31		

5 Domingo

San Telesforo

6 Lunes *Reyes Magos*

7 Martes *San Raimundo de Peñafort*

La derrota es para los valientes. Solo ellos pueden tener el honor de perder y la alegría de ganar.

EL MANUSCRITO ENCONTRADO EN ACCRA

ENERO

1			**1**	2	3	4	**5**
2	**6**	7	8	9	10	11	**12**
3	13	14	15	16	17	18	**19**
4	20	21	22	23	24	25	**26**
5	27	28	29	30	31		

8 Miércoles *Santa Gúdula*

9 Jueves *San Julián*

10 Viernes *San Pedro Urseolo*

11 Sábado *San Higinio*

Quien ama necesita saber perderse
y encontrarse.

A ORILLAS DEL RÍO PIEDRA ME SENTÉ Y LLORÉ

ENERO

1			**1**	2	3	4	**5**
2	**6**	7	8	9	10	11	**12**
3	13	14	15	16	17	18	**19**
4	20	21	22	23	24	25	**26**
5	27	28	29	30	31		

12 Domingo *San Victoriano*

13 Lunes *San Hilario*

14 Martes *San Juan de Ribera*

Dialoga contigo mismo, habla solo.
Hazlo, aunque los demás puedan pensar
que te has vuelto loco.

COLUMNA PERIODÍSTICA - CUANDO LOS ÁNGELES HABLAN

Semana 3

ENERO

1			**1**	2	3	4	**5**
2	**6**	7	8	9	10	11	**12**
3	13	14	15	16	17	18	**19**
4	20	21	22	23	24	25	**26**
5	27	28	29	30	31		

15 Miércoles

Santos Mauro y Plácido

16 Jueves

San Fulgencio

17 Viernes *San Antonio Abad*

18 Sábado *Santa Prisca*

Pensé en usar tintas de todos los colores para describir el mundo en que vivo, pero sé que es difícil: aunque tenga los colores, solo el Señor consigue mezclarlos con tanta armonía.

LA QUINTA MONTAÑA

ENERO

1			**1**	2	3	4	**5**
2	**6**	7	8	9	10	11	**12**
3	13	14	15	16	17	18	**19**
4	20	21	22	23	24	25	**26**
5	27	28	29	30	31		

19 Domingo *San Mario*

20 Lunes *Santos Fabián y Sebastián*

21 Martes *Santa Inés*

Habéis intentado controlar la fuerza que todo
lo transforma, para que vuestras vidas pudieran
continuar sin grandes desafíos.

LA BRUJA DE PORTOBELLO

ENERO

1			**1**	2	3	4	**5**
2	**6**	7	8	9	10	11	**12**
3	13	14	15	16	17	18	**19**
4	20	21	22	23	24	25	**26**
5	27	28	29	30	31		

22 Miércoles *San Vicente*

23 Jueves *San Ildefonso*

24 Viernes *San Francisco de Sales*

25 Sábado *Conversión de San Pablo*

He conquistado grandes cosas, y voy a destruirlas
porque me digo a mí mismo que han perdido el sentido.
Sé que es mentira, que siguen siendo importantes y,
si las destruyo, también me destruiré a mí mismo.

VALQUIRIAS

ENERO

1			**1**	2	3	4	**5**
2	**6**	7	8	9	10	11	**12**
3	13	14	15	16	17	18	**19**
4	20	21	22	23	24	25	**26**
5	27	28	29	30	31		

26 Domingo *Santa Paula y Santos Timoteo y Tito*

27 Lunes *Santa Ángela de Mérici*

28 Martes *Santo Tomás de Aquino*

El amor está lleno de trampas. Cuando quiere manifestarse, muestra apenas su luz, y no nos permite ver las sombras que esa luz provoca.

A ORILLAS DEL RÍO PIEDRA ME SENTÉ Y LLORÉ

ENERO

1			**1**	2	3	4	**5**
2	**6**	7	8	9	10	11	**12**
3	13	14	15	16	17	18	**19**
4	20	21	22	23	24	25	**26**
5	27	28	29	30	31		

29 Miércoles

San Valero

30 Jueves

San Adelelmo

31 Viernes *San Juan Bosco*

Es importante permitir que el destino interfiera en nuestras vidas y decida lo que es mejor para todos.

LA BRUJA DE PORTOBELLO

Semana 5

ENERO

1			**1**	2	3	4	**5**
2	**6**	7	8	9	10	11	**12**
3	13	14	15	16	17	18	**19**
4	20	21	22	23	24	25	**26**
5	27	28	29	30	31		

FEBRERO

Espiritual

Lo sagrado está en todas partes.

LA QUINTA MONTAÑA

1 Sábado *San Cecilio*

Es la voluntad de creer que la vida es un milagro
lo que permite que los milagros existan.

EL PEREGRINO DE COMPOSTELA

5						1	**2**
6	3	4	5	6	7	8	**9**
7	10	11	12	13	14	15	**16**
8	17	18	19	20	21	22	**23**
9	24	25	26	27	28		

2 Domingo *Presentación del Señor (Candelaria)*

3 Lunes *Santos Blas y Óscar*

4 Martes *San Rabano Mauro*

El verdadero camino espiritual es más fuerte que las razones que nos llevaron a él.

HIPPIE

5						1	**2**
6	3	4	5	6	7	8	**9**
7	10	11	12	13	14	15	**16**
8	17	18	19	20	21	22	**23**
9	24	25	26	27	28		

5 Miércoles *Santa Águeda*

6 Jueves *San Pablo Miki*

7 Viernes *San Ricardo*

8 Sábado *San Jerónimo Emiliani*

Carisma: la fuerza divina que se manifiesta
en el hombre y en la mujer.

LA BRUJA DE PORTOBELLO

5						1	**2**
6	3	4	5	6	7	8	**9**
7	10	11	12	13	14	15	**16**
8	17	18	19	20	21	22	**23**
9	24	25	26	27	28		

9 Domingo *San Miguel Febres Cordero*

10 Lunes *Santa Escolástica*

11 Martes *Nuestra Señora de Lourdes*

Si tienes tesoros espirituales en tu corazón,
ponlos en práctica ahora.

MAKTUB

5						1	**2**
6	3	4	5	6	7	8	**9**
7	10	11	12	13	14	15	**16**
8	17	18	19	20	21	22	**23**
9	24	25	26	27	28		

12 Miércoles *Santa Eulalia de Barcelona*

13 Jueves *San Jordán de Sajonia*

14 Viernes *San Valentín*

15 Sábado *San Claudio de la Colombière*

Quien puede dominar su corazón,
puede conquistar el mundo.

A ORILLAS DEL RÍO PIEDRA ME SENTÉ Y LLORÉ

5						1	**2**
6	3	4	5	6	7	8	**9**
7	10	11	12	13	14	15	**16**
8	17	18	19	20	21	22	**23**
9	24	25	26	27	28		

16 Domingo *San Onésimo*

17 Lunes *Siete Santos Fundadores*

18 Martes *Santa Bernardita Soubirous*

Si conoces el amor, conoces también el alma
del mundo, que está hecha de amor.

EL ALQUIMISTA

FEBRERO

5						1	**2**
6	3	4	5	6	7	8	**9**
7	10	11	12	13	14	15	**16**
8	17	18	19	20	21	22	**23**
9	24	25	26	27	28		

19 Miércoles *San Álvaro de Córdoba*

20 Jueves *San Eleuterio*

21 Viernes *San Pedro Damián*

22 Sábado *Cátedra de San Pedro*

La búsqueda de la felicidad es personal
y no un modelo que podamos pasar a los otros.

EL PEREGRINO DE COMPOSTELA

5						1	**2**
6	3	4	5	6	7	8	**9**
7	10	11	12	13	14	15	**16**
8	17	18	19	20	21	22	**23**
9	24	25	26	27	28		

23 Domingo

San Policarpo

24 Lunes *San Lucio*

25 Martes *San Néstor*

Procura desarrollar el don de la bondad: este don te permite estar siempre en paz con tu corazón.

EL CAMINO DEL ARQUERO

FEBRERO

5						1	**2**
6	3	4	5	6	7	8	**9**
7	10	11	12	13	14	15	**16**
8	17	18	19	20	21	22	**23**
9	24	25	26	27	28		

26 Miércoles *San Alejandro*

27 Jueves *Santa Francinaina*

28 Viernes *Santos Mártires de Alejandría*

Tenemos que aprovechar cuando
la suerte está de nuestro lado, y hacer todo
lo posible por ayudarla.

EL ALQUIMISTA

Semana 9

FEBRERO

5						1	**2**
6	3	4	5	6	7	8	**9**
7	10	11	12	13	14	15	**16**
8	17	18	19	20	21	22	**23**
9	24	25	26	27	28		

MARZO

Conducta

Un lápiz siempre deja una marca. Del mismo modo, has de saber que todo lo que hagas en la vida dejará huellas. Procura ser consciente de todas tus acciones.

COMO EL RÍO QUE FLUYE

1 Sábado *San Rosendo*

Cuántas cosas perdí por miedo a perder.

BRIDA

MARZO

9						1	**2**
10	3	4	5	6	7	8	**9**
11	10	11	12	13	14	15	**16**
12	17	18	19	20	21	22	**23**
13	24	25	26	27	28	29	**30**
14	31						

2 Domingo *San Carlos el Bueno*

3 Lunes *Santos Emeterio y Celedonio*

4 Martes *Martes de Carnaval*

Basta un simple gesto de coraje para descubrir
toda nuestra libertad.

MAKTUB

MARZO

9						1	**2**
10	3	4	5	6	7	8	**9**
11	10	11	12	13	14	15	**16**
12	17	18	19	20	21	22	**23**
13	24	25	26	27	28	29	**30**
14	31						

5 Miércoles *Miércoles de Ceniza*

6 Jueves *San Olegario y Santa Inés de Praga*

7 Viernes *Santas Perpetua y Felicidad*

8 Sábado *San Juan de Dios*

Quien pierde el sentido de la aventura, en cierta forma también pierde el sentido de la vida.

COLUMNA PERIODÍSTICA - EL PRIMER SANTO

9						1	**2**
10	3	4	5	6	7	8	**9**
11	10	11	12	13	14	15	**16**
12	17	18	19	20	21	22	**23**
13	24	25	26	27	28	29	**30**
14	31						

9 Domingo

Santa Francisca Romana

10 Lunes *San Simplicio*

11 Martes *San Sofronio*

El optimismo es contagioso.

ADULTERIO

MARZO

9						1	**2**
10	3	4	5	6	7	8	**9**
11	10	11	12	13	14	15	**16**
12	17	18	19	20	21	22	**23**
13	24	25	26	27	28	29	**30**
14	31						

12 Miércoles

San Luis Orione

13 Jueves

Santa Patricia

14 Viernes *Santa Matilde*

15 Sábado *Santa Luisa de Marillac*

Del mismo modo que no hay dos granos de arena iguales en todo el mundo, tampoco hay dos seres humanos que piensen y actúen de la misma manera.

EL MANUSCRITO ENCONTRADO EN ACCRA

MARZO

9						1	**2**
10	3	4	5	6	7	8	**9**
11	10	11	12	13	14	15	**16**
12	17	18	19	20	21	22	**23**
13	24	25	26	27	28	29	**30**
14	31						

16 Domingo

San Heriberto

17 Lunes *San Patricio*

18 Martes *San Cirilo*

Escondemos nuestra soledad como si fuera
vergonzoso admitirla.

COLUMNA PERIODÍSTICA – FRAGMENTOS DE UN DIARIO INEXISTENTE III

9						1	**2**
10	3	4	5	6	7	8	**9**
11	10	11	12	13	14	15	**16**
12	17	18	19	20	21	22	**23**
13	24	25	26	27	28	29	**30**
14	31						

19 Miércoles *San José*

20 Jueves *San Martín de Braga*

21 Viernes *San Serapión*

22 Sábado *San Epafrodito*

No existe ningún pecado en ser feliz.

EL PEREGRINO DE COMPOSTELA

Semana 12

MARZO

9						1	**2**
10	3	4	5	6	7	8	**9**
11	10	11	12	13	14	15	**16**
12	17	18	19	20	21	22	**23**
13	24	25	26	27	28	29	**30**
14	31						

23 Domingo *San José Oriol*

24 Lunes *San Diego José de Cádiz*

25 Martes *Anunciación del Señor (Encarnación)*

A veces estamos tan apegados a nuestra forma de vida que rechazamos una gran oportunidad porque no sabemos cómo utilizarla.

COMO EL RÍO QUE FLUYE

MARZO

9						1	**2**
10	3	4	5	6	7	8	**9**
11	10	11	12	13	14	15	**16**
12	17	18	19	20	21	22	**23**
13	24	25	26	27	28	29	**30**
14	31						

26 Miércoles *San Braulio*

27 Jueves *San Ruperto*

28 Viernes *San Cástor*

29 Sábado *Santos Armogasto, Arquinimio y Saturnino*

¿Qué es lo que hace que una persona
se deteste a sí misma?
Quizás la cobardía. O el eterno miedo de
equivocarse, de no hacer lo que los otros esperan.

VERONIKA DECIDE MORIR

9						1	**2**
10	3	4	5	6	7	8	**9**
11	10	11	12	13	14	15	**16**
12	17	18	19	20	21	22	**23**
13	24	25	26	27	28	29	**30**
14	31						

30 Domingo *San Juan Clímaco*

31 Lunes *San Amós*

Aprende a seguir tu destino con alegría,
sea cual sea.

LA ESPÍA

Semana 14

MARZO

9						1	**2**
10	3	4	5	6	7	8	**9**
11	10	11	12	13	14	15	**16**
12	17	18	19	20	21	22	**23**
13	24	25	26	27	28	29	**30**
14	31						

ABRIL

Irrupción

El guerrero de la luz sabe que
las palabras más importantes
en todas las lenguas son
palabras pequeñas.
Sí. Amor. Dios.
Son palabras que salen con
facilidad y llenan gigantescos
espacios vacíos.

MANUAL DEL GUERRERO DE LA LUZ

1 Martes *Santa María Egipcíaca*

El peligro atrae y fascina.

HIPPIE

14		1	2	3	4	5	**6**
15	7	8	9	10	11	12	**13**
16	14	15	16	17	**18**	19	**20**
17	21	22	23	24	25	26	**27**
18	28	29	30				

2 Miércoles *San Francisco de Paula*

3 Jueves *San José el Himnógrafo*

4 Viernes *San Benito el Moro*

5 Sábado *San Vicente Ferrer y Santa Irene*

El gran Aleph sucede cuando dos o más personas que tienen algún tipo de afinidad muy grande se encuentran por casualidad en el pequeño Aleph. Esas dos energías diferentes se complementan y provocan una reacción en cadena.

ALEPH

14		1	2	3	4	5	**6**
15	7	8	9	10	11	12	**13**
16	14	15	16	17	**18**	19	**20**
17	21	22	23	24	25	26	**27**
18	28	29	30				

6 Domingo *San Pedro Mártir*

7 Lunes *San Juan Bautista de la Salle*

8 Martes *San Amancio*

¿Y por qué destruir mi mundo?
Para reconstruirlo.

EL VENCEDOR ESTÁ SOLO

ABRIL

14		1	2	3	4	5	**6**
15	7	8	9	10	11	12	**13**
16	14	15	16	17	**18**	19	**20**
17	21	22	23	24	25	26	**27**
18	28	29	30				

9 Miércoles *Santa Valtrudis*

10 Jueves *San Ezequiel*

11 Viernes *San Estanislao*

12 Sábado *Santas Sofía y Visia*

Si el sufrimiento está ahí, entonces es mejor aceptarlo, porque no se va a ir solo porque tú finjas que no existe.

EL ZAHIR

ABRIL

14		1	2	3	4	5	**6**
15	7	8	9	10	11	12	**13**
16	14	15	16	17	**18**	19	**20**
17	21	22	23	24	25	26	**27**
18	28	29	30				

13 Domingo

Domingo de Ramos

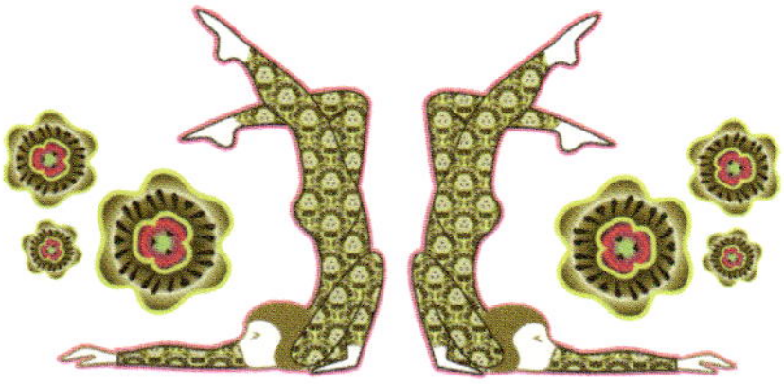

14 Lunes *San Pedro González (Telmo)*

15 Martes *San Damián*

Los encuentros más importantes ya han sido planeados por las almas antes incluso de que los cuerpos se hayan visto.

ONCE MINUTOS

ABRIL

14		1	2	3	4	5	**6**
15	7	8	9	10	11	12	**13**
16	14	15	16	17	**18**	19	**20**
17	21	22	23	24	25	26	**27**
18	28	29	30				

16 Miércoles *Santa Engracia*

17 Jueves *Jueves Santo*

18 Viernes *Viernes Santo*

19 Sábado *San León IX*

La leyenda personal no es tan simple como parece. Al contrario, puede ser una actividad peligrosa.

MAKTUB

14		1	2	3	4	5	**6**
15	7	8	9	10	11	12	**13**
16	14	15	16	17	**18**	19	**20**
17	21	22	23	24	25	26	**27**
18	28	29	30				

20 Domingo

Domingo de Resurrección

21 Lunes *Lunes de Pascua*

22 Martes *Santos Sotero y Cayo*

No luches en contra de tus pensamientos,
son más fuertes que tú.

VALQUIRIAS

14		1	2	3	4	5	**6**
15	7	8	9	10	11	12	**13**
16	14	15	16	17	**18**	19	**20**
17	21	22	23	24	25	26	**27**
18	28	29	30				

23 Miércoles *San Jorge*

24 Jueves *San Fidel*

25 Viernes *San Marcos*

26 Sábado *San Isidoro*

Dentro de cada uno de nosotros existe un ángel y un demonio, y sus voces son muy parecidas. El demonio alimenta esta conversación, procurando mostrarnos lo débiles e injustamente tratados que somos. El ángel nos hace reflexionar sobre nuestras actitudes.

COLUMNA PERIODÍSTICA - FRAGMENTOS DE UN DIARIO INEXISTENTE V

ABRIL

14		1	2	3	4	5	**6**
15	7	8	9	10	11	12	**13**
16	14	15	16	17	**18**	19	**20**
17	21	22	23	24	25	26	**27**
18	28	29	30				

27 Domingo *Nuestra Señora de Montserrat*

28 Lunes *San Prudencio*

29 Martes *Santa Catalina de Siena*

De todas las poderosas armas de destrucción que el hombre ha sido capaz de inventar, la más terrible, y la más cobarde, es la palabra.

MAKTUB

ABRIL

14		1	2	3	4	5	**6**
15	7	8	9	10	11	12	**13**
16	14	15	16	17	**18**	19	**20**
17	21	22	23	24	25	26	**27**
18	28	29	30				

30 Miércoles

San Pío V

MAYO

Cambio

Aprovecha los malos momentos para descubrir qué te hace temblar. Aprovecha los buenos momentos para encontrar el camino que ha de llevarte a la paz interior.

EL CAMINO DEL ARQUERO

Cuando conocí la humillación y aun así seguí caminando, entendí que era libre para escoger mi destino.

EL ZAHIR

MAYO

18				**1**	2	3	**4**
19	5	6	7	8	9	10	**11**
20	12	13	14	15	16	17	**18**
21	19	20	21	22	23	24	**25**
22	26	27	28	29	30	31	

1 Jueves *Día del Trabajo*

2 Viernes *San Atanasio*

3 Sábado *Santos Felipe y Santiago*

El camino correcto es el camino de la naturaleza:
en constante cambio, como las dunas del desierto.

EL MANUSCRITO ENCONTRADO EN ACCRA

MAYO

18				**1**	2	3	**4**
19	5	6	7	8	9	10	**11**
20	12	13	14	15	16	17	**18**
21	19	20	21	22	23	24	**25**
22	26	27	28	29	30	31	

4 Domingo

San Ceferino Giménez Malla

5 Lunes *San Máximo de Jerusalén*

6 Martes *San Domingo Savio*

La sabiduría y la experiencia no transforman
al hombre. Lo único que lo transforma es el amor.

ADULTERIO

MAYO

18				**1**	2	3	**4**
19	5	6	7	8	9	10	**11**
20	12	13	14	15	16	17	**18**
21	19	20	21	22	23	24	**25**
22	26	27	28	29	30	31	

7 Miércoles *Santa Gisela*

8 Jueves *San Eladio*

9 Viernes *San Pacomio*

10 Sábado *San Juan de Ávila*

De la misma forma que los ríos cambian de lugar,
las personas también cambian.

EL PEREGRINO DE COMPOSTELA

MAYO

18				**1**	2	3	**4**
19	5	6	7	8	9	10	**11**
20	12	13	14	15	16	17	**18**
21	19	20	21	22	23	24	**25**
22	26	27	28	29	30	31	

11 Domingo *San Francisco de Jerónimo*

12 Lunes *San Pancracio*

13 Martes *Nuestra Señora de Fátima*

Debes saber cuáles son tus herramientas y cómo puedes perfeccionar tus habilidades.

EL CAMINO DEL ARQUERO

MAYO

18				1	2	3	4
19	5	6	7	8	9	10	11
20	12	13	14	15	16	17	18
21	19	20	21	22	23	24	25
22	26	27	28	29	30	31	

14 Miércoles *San Matías*

15 Jueves *San Isidro*

16 Viernes *Santa Gema Galgani*

17 Sábado *San Pascual Bailón*

Es en el presente donde está el secreto. Si prestas atención al presente, podrás mejorarlo. Y si lo mejoras, lo que sucederá después también será mejor.

EL ALQUIMISTA

Semana 20

MAYO

18				1	2	3	**4**
19	5	6	7	8	9	10	**11**
20	12	13	14	15	16	17	**18**
21	19	20	21	22	23	24	**25**
22	26	27	28	29	30	31	

18 Domingo *San Juan I*

19 Lunes *San Pedro Celestino*

20 Martes *San Bernardino*

Acepta lo que la vida te ofrece y procura beber de las copas que tienes delante. Todos los vinos deben ser bebidos; algunos, apenas un trago; otros, la botella entera.

BRIDA

18				**1**	2	3	**4**
19	5	6	7	8	9	10	**11**
20	12	13	14	15	16	17	**18**
21	19	20	21	22	23	24	**25**
22	26	27	28	29	30	31	

21 Miércoles *San Cristóbal Magallanes*

22 Jueves *Santas Joaquina y Rita*

23 Viernes *San Desiderio*

24 Sábado *María Auxiliadora*

Cuando el amor crece,
crecemos con él.

EL ZAHIR

MAYO

18				**1**	2	3	**4**
19	5	6	7	8	9	10	**11**
20	12	13	14	15	16	17	**18**
21	19	20	21	22	23	24	**25**
22	26	27	28	29	30	31	

25 Domingo *Santos Beda y Gregorio VII*

26 Lunes *San Felipe Neri*

27 Martes *Santos Agustín de Canterbury y Julio*

La vida está hecha de pequeños y grandes milagros.
Nada es aburrido, porque todo cambia constantemente.
El tedio no está en el mundo, sino en la manera
en la que vemos el mundo.

MAKTUB

MAYO

18				**1**	2	3	**4**
19	5	6	7	8	9	10	**11**
20	12	13	14	15	16	17	**18**
21	19	20	21	22	23	24	**25**
22	26	27	28	29	30	31	

28 Miércoles *San Bernardo de Menthon*

29 Jueves *La Ascensión*

30 | Viernes *Santos Fernando y Pedro Tarrés, y Santa Juana de Arco*

31 | Sábado *Visitación de la Virgen María*

Ahora es el momento de ser valiente ante la vida
y el camino desconocido que recorro.

HIPPIE

Semana 22

MAYO

18				**1**	2	3	**4**
19	5	6	7	8	9	10	**11**
20	12	13	14	15	16	17	**18**
21	19	20	21	22	23	24	**25**
22	26	27	28	29	30	31	

JUNIO

Intuición

Una señal es un alfabeto que desarrollas para hablar con el alma del mundo.

LAS CONFESIONES DEL PEREGRINO

El banco de favores es una inversión de riesgo,
como cualquier otro banco.

EL ZAHIR

JUNIO

22							**1**
23	2	3	4	5	6	7	**8**
24	9	10	11	12	13	14	**15**
25	16	17	18	19	20	21	**22**
26	23	24	25	26	27	28	**29**
27	30						

1 Domingo *San Justino*

2 Lunes *San Marcelino*

3 Martes *San Carlos Luanga*

Aprende a respetar
y a seguir las señales.

EL ALQUIMISTA

22							**1**
23	2	3	4	5	6	7	**8**
24	9	10	11	12	13	14	**15**
25	16	17	18	19	20	21	**22**
26	23	24	25	26	27	28	**29**
27	30						

4 Miércoles *Santas Noemí y Rut*

5 Jueves *San Bonifacio*

6 Viernes *San Norberto*

7 Sábado *Santa Ana*

Las tristezas no se quedan para siempre, cuando caminamos en dirección a lo que siempre deseamos.

LA QUINTA MONTAÑA

22							**1**
23	2	3	4	5	6	7	**8**
24	9	10	11	12	13	14	**15**
25	16	17	18	19	20	21	**22**
26	23	24	25	26	27	28	**29**
27	30						

8 Domingo *San Maximino*

9 Lunes *Lunes de Pentecostés*

10 Martes *San Landerico*

Nada es por casualidad.

BRIDA

JUNIO

22							**1**
23	2	3	4	5	6	7	**8**
24	9	10	11	12	13	14	**15**
25	16	17	18	19	20	21	**22**
26	23	24	25	26	27	28	**29**
27	30						

11 Miércoles *San Bernabé*

12 Jueves *San Juan de Sahagún*

13 Viernes *San Antonio de Padua*

14 Sábado *San Eliseo*

Si aprendes a descifrar el lenguaje sin palabras,
conseguirás descifrar el mundo.

EL ALQUIMISTA

22							**1**
23	2	3	4	5	6	7	**8**
24	9	10	11	12	13	14	**15**
25	16	17	18	19	20	21	**22**
26	23	24	25	26	27	28	**29**
27	30						

15 Domingo *San Vito*

16 Lunes *San Quirico*

17 Martes *San Pedro Gambacorta*

Toda la sabiduría consistía
en escuchar la propia alma.

A ORILLAS DEL RÍO PIEDRA ME SENTÉ Y LLORÉ

22							**1**
23	2	3	4	5	6	7	**8**
24	9	10	11	12	13	14	**15**
25	16	17	18	19	20	21	**22**
26	23	24	25	26	27	28	**29**
27	30						

18 Miércoles *Santos Marcos y Marcelino*

19 Jueves *Corpus Christi*

20 Viernes *Santa Florentina*

21 Sábado *Santos Luis Gonzaga y Raúl*

El secreto no está en lo que dices, sino en cómo lo dices.
Siempre que tengas que disparar la flecha de la verdad,
no olvides mojar antes la punta en un tarro de miel.

COLUMNA PERIODÍSTICA – CÓMO DECIR LAS COSAS ADECUADAS

22							**1**
23	2	3	4	5	6	7	**8**
24	9	10	11	12	13	14	**15**
25	16	17	18	19	20	21	**22**
26	23	24	25	26	27	28	**29**
27	30						

22 Domingo *San Paulino de Nola*

23 Lunes *San José Cafasso*

24 Martes *San Juan Bautista*

Escucha a tu corazón. Él lo conoce todo,
porque proviene del alma del mundo.

EL ALQUIMISTA

JUNIO

22							**1**
23	2	3	4	5	6	7	**8**
24	9	10	11	12	13	14	**15**
25	16	17	18	19	20	21	**22**
26	23	24	25	26	27	28	**29**
27	30						

25 Miércoles *San Guillermo*

26 Jueves *San Pelayo*

27 Viernes *Santos Cirilo de Alejandría y Zoilo*

28 Sábado *San Ireneo*

Todas las leyendas tienen siempre
una verdad escondida.

EL DEMONIO Y LA SEÑORITA PRYM

JUNIO

22							**1**
23	2	3	4	5	6	7	**8**
24	9	10	11	12	13	14	**15**
25	16	17	18	19	20	21	**22**
26	23	24	25	26	27	28	**29**
27	30						

29 Domingo *Santos Pedro y Pablo*

30 Lunes *San Marcial*

La vida enseña a cada momento.

EL PEREGRINO DE COMPOSTELA

JUNIO

22							**1**
23	2	3	4	5	6	7	**8**
24	9	10	11	12	13	14	**15**
25	16	17	18	19	20	21	**22**
26	23	24	25	26	27	28	**29**
27	30						

JULIO

Motivación

—¿Cómo podemos hacer
algo imposible?
—Con entusiasmo.

LA QUINTA MONTAÑA

1 Martes *Santa Ester*

Nadie está solo en sus tribulaciones; siempre hay alguien más pensando, alegrándose o sufriendo de la misma manera, y eso nos da fuerza para afrontar mejor el desafío que tenemos ante nosotros.

EL ZAHIR

27		1	2	3	4	5	**6**
28	7	8	9	10	11	12	**13**
29	14	15	16	17	18	19	**20**
30	21	22	23	24	25	26	**27**
31	28	29	30	31			

2 Miércoles *Santos Proceso y Martiniano*

3 Jueves *Santo Tomás*

4 Viernes *Santa Isabel de Portugal*

5 Sábado *San Antonio María Zaccaria*

El guerrero de la luz deja que la decisión se manifieste. Si fuera preciso decir sí, lo dirá con valor. Si es necesario decir no, lo dirá sin cobardía.

MANUAL DEL GUERRERO DE LA LUZ

27		1	2	3	4	5	**6**
28	7	8	9	10	11	12	**13**
29	14	15	16	17	18	19	**20**
30	21	22	23	24	25	26	**27**
31	28	29	30	31			

6 Domingo *Santa María Goretti*

7 Lunes *San Fermín*

8 Martes *San Aquila y Santa Priscila*

La energía del amor es lo único que siempre
nos va a salvar, a pesar de los errores cometidos.

ALEPH

JULIO

27		1	2	3	4	5	**6**
28	7	8	9	10	11	12	**13**
29	14	15	16	17	18	19	**20**
30	21	22	23	24	25	26	**27**
31	28	29	30	31			

9 Miércoles *San Agustín Zhao Rong*

10 Jueves *San Cristóbal*

11 Viernes *San Benito*

12 Sábado *San Juan Gualberto*

El día que no sientas amor por la vida,
tu tiro será inestable y complicado.

EL CAMINO DEL ARQUERO

27		1	2	3	4	5	**6**
28	7	8	9	10	11	12	**13**
29	14	15	16	17	18	19	**20**
30	21	22	23	24	25	26	**27**
31	28	29	30	31			

13 Domingo *San Enrique y Santa Sara*

14 Lunes *San Camilo de Lelis*

15 Martes *San Buenaventura*

El mundo está en manos de aquellos que tienen coraje para soñar y vivir sus sueños.

VALQUIRIAS

Semana 29

JULIO

27		1	2	3	4	5	**6**
28	7	8	9	10	11	12	**13**
29	14	15	16	17	18	19	**20**
30	21	22	23	24	25	26	**27**
31	28	29	30	31			

16 Miércoles *Nuestra Señora del Carmen*

17 Jueves *San Alejo*

18 Viernes *Santa Marina*

19 Sábado *Santa Áurea*

Jamás tengas miedo de errar.

BRIDA

JULIO

27		1	2	3	4	5	**6**
28	7	8	9	10	11	12	**13**
29	14	15	16	17	18	19	**20**
30	21	22	23	24	25	26	**27**
31	28	29	30	31			

20 Domingo *San Elías*

21 Lunes *Santos Lorenzo de Bríndisi y Daniel*

22 Martes *Santa María Magdalena*

El sentido de mi vida
es el que yo le quiero dar.

LA QUINTA MONTAÑA

JULIO

27		1	2	3	4	5	**6**
28	7	8	9	10	11	12	**13**
29	14	15	16	17	18	19	**20**
30	21	22	23	24	25	26	**27**
31	28	29	30	31			

23 Miércoles *Santa Brígida*

24 Jueves *Santa Cristina*

25 Viernes *Santiago Apóstol*

26 Sábado *San Joaquín y Santa Ana*

Únete a los que se exponen y no temen
ser vulnerables.

EL CAMINO DEL ARQUERO

JULIO

27		1	2	3	4	5	**6**
28	7	8	9	10	11	12	**13**
29	14	15	16	17	18	19	**20**
30	21	22	23	24	25	26	**27**
31	28	29	30	31			

27 Domingo *San Aurelio y Santa Natalia*

28 Lunes *San Víctor I*

29 Martes *San Lázaro y Santa Marta*

La alegría es contagiosa, e impide siempre
que las personas se dejen paralizar por la depresión,
por la soledad y por las dificultades.

COLUMNA PERIODÍSTICA – EL ACTO DE ESCRIBIR

Semana 31

JULIO

27		1	2	3	4	5	**6**
28	7	8	9	10	11	12	**13**
29	14	15	16	17	18	19	**20**
30	21	22	23	24	25	26	**27**
31	28	29	30	31			

30 Miércoles

San Pedro Crisólogo

31 Jueves

San Ignacio de Loyola

AGOSTO

Cotidiano

Lo extraordinario reside en el
camino de las personas
comunes.

EL PEREGRINO DE COMPOSTELA

1 Viernes *San Félix*

2 Sábado *Nuestra Señora de los Ángeles*

Para tener coraje, hay que vencer
el miedo.

ADULTERIO

AGOSTO

31					1	2	**3**
32	4	5	6	7	8	9	**10**
33	11	12	13	14	**15**	16	**17**
34	18	19	20	21	22	23	**24**
35	25	26	27	28	29	30	**31**

3 Domingo

Santa Lidia

4 Lunes *San Juan María Vianney*

5 Martes *Santa María la Mayor*

Es más fácil amar que ser amado.

MAKTUB

AGOSTO

31					1	2	**3**
32	4	5	6	7	8	9	**10**
33	11	12	13	14	**15**	16	**17**
34	18	19	20	21	22	23	**24**
35	25	26	27	28	29	30	**31**

6 Miércoles *Transfiguración del Señor*

7 Jueves *Santos Sixto II y Cayetano*

8 Viernes *Santo Domingo de Guzmán*

9 Sábado *San Román*

En algún momento surge el miedo a la posibilidad de que las cosas a que estamos acostumbrados desaparezcan para siempre.

EL DEMONIO Y LA SEÑORITA PRYM

AGOSTO

31					1	2	**3**
32	4	5	6	7	8	9	**10**
33	11	12	13	14	**15**	16	**17**
34	18	19	20	21	22	23	**24**
35	25	26	27	28	29	30	**31**

10 Domingo *San Lorenzo*

11 Lunes *Santa Clara*

12 Martes *Santa Juana Francisca de Chantal*

Solo una cosa hace que un sueño sea imposible:
el miedo a fracasar.

EL ALQUIMISTA

AGOSTO

31					1	2	**3**
32	4	5	6	7	8	9	**10**
33	11	12	13	14	**15**	16	**17**
34	18	19	20	21	22	23	**24**
35	25	26	27	28	29	30	**31**

13 Miércoles *Santos Ponciano e Hipólito*

14 Jueves *San Maximiliano Kolbe*

15 Viernes *Asunción de María*

16 Sábado *Santos Esteban de Hungría y Roque*

Todo movimiento precisa de reposo.

VALQUIRIAS

AGOSTO

31					1	2	**3**
32	4	5	6	7	8	9	**10**
33	11	12	13	14	**15**	16	**17**
34	18	19	20	21	22	23	**24**
35	25	26	27	28	29	30	**31**

17 Domingo *Santa Beatriz de Silva y San Jacinto*

18 | Lunes *Santa Elena*

19 | Martes *San Juan Eudes*

Las ciudades son como las personas: todas tienen su temperamento, su estilo y su forma de afrontar la vida.

TEXTO INÉDITO

AGOSTO

31					1	2	**3**
32	4	5	6	7	8	9	**10**
33	11	12	13	14	**15**	16	**17**
34	18	19	20	21	22	23	**24**
35	25	26	27	28	29	30	**31**

20 Miércoles *Santos Bernardo de Claraval y Samuel*

21 Jueves *San Pío X*

22 Viernes *Santa María Reina*

23 Sábado *Santa Rosa de Lima*

Nuestro tiempo en esta tierra es sagrado,
y debemos celebrar cada momento.

LA BRUJA DE PORTOBELLO

AGOSTO

31					1	2	**3**
32	4	5	6	7	8	9	**10**
33	11	12	13	14	**15**	16	**17**
34	18	19	20	21	22	23	**24**
35	25	26	27	28	29	30	**31**

24 Domingo *San Bartolomé*

25 Lunes *Santos Luis de Francia y José de Calasanz*

26 Martes *Santa Teresa de Jesús Jornet*

Todo el mundo flirtea con el peligro,
siempre y cuando no haya peligro.

LA ESPÍA

AGOSTO

31					1	2	**3**
32	4	5	6	7	8	9	**10**
33	11	12	13	14	**15**	16	**17**
34	18	19	20	21	22	23	**24**
35	25	26	27	28	29	30	**31**

27 Miércoles *Santa Mónica*

28 Jueves *San Agustín*

29 Viernes *Santa Verónica*

30 Sábado *Santos Félix y Adaucto*

Las cosas simples son las más extraordinarias,
y solo los sabios consiguen verlas.

EL ALQUIMISTA

31					1	2	**3**
32	4	5	6	7	8	9	**10**
33	11	12	13	14	**15**	16	**17**
34	18	19	20	21	22	23	**24**
35	25	26	27	28	29	30	**31**

31 Domingo *San Ramón Nonato*

SEPTIEMBRE

Evolución

Solo sentimos miedo de perder aquello que tenemos. Pero este miedo pasa cuando entendemos que nuestra historia y la historia del mundo fueron escritas por la misma mano.

EL ALQUIMISTA

1 Lunes *Santos Gil y Lope*

2 Martes *Santa Raquel*

Todos somos autoridad cuando estamos absolutamente convencidos de lo que hacemos.

LAS CONFESIONES DEL PEREGRINO

SEPTIEMBRE

36	1	2	3	4	5	6	**7**
37	8	9	10	11	12	13	**14**
38	15	16	17	18	19	20	**21**
39	22	23	24	25	26	27	**28**
40	29	30					

3 Miércoles *San Gregorio Magno*

4 Jueves *Nuestra Señora de la Consolación*

5 Viernes *Santa Teresa de Calcuta*

6 Sábado *Nuestra Señora de Guadalupe (Extremadura)*

En el camino de la existencia, siempre
encontramos problemas difíciles de resolver.

EL PEREGRINO DE COMPOSTELA

SEPTIEMBRE

36	1	2	3	4	5	6	**7**
37	8	9	10	11	12	13	**14**
38	15	16	17	18	19	20	**21**
39	22	23	24	25	26	27	**28**
40	29	30					

7 Domingo *Santa Judit*

8 Lunes *Natividad de la Virgen María*

9 Martes *San Pedro Claver*

Hay que luchar por los sueños, pero también
hay que saber conservar las energías
para recorrer otros caminos.

COMO EL RÍO QUE FLUYE

SEPTIEMBRE

36	1	2	3	4	5	6	**7**
37	8	9	10	11	12	13	**14**
38	15	16	17	18	19	20	**21**
39	22	23	24	25	26	27	**28**
40	29	30					

10 Miércoles *Nuestra Señora de las Maravillas*

11 Jueves *San Buenaventura Gran*

12 Viernes *Santo Nombre de María*

13 Sábado *San Juan Crisóstomo*

Todo en el universo tiene vida, procura estar
siempre en contacto con esta vida.

BRIDA

SEPTIEMBRE

36	1	2	3	4	5	6	**7**
37	8	9	10	11	12	13	**14**
38	15	16	17	18	19	20	**21**
39	22	23	24	25	26	27	**28**
40	29	30					

14 Domingo

Exaltación de la Santa Cruz

15 Lunes *Nuestra Señora de los Dolores*

16 Martes *Santos Cornelio y Cipriano*

Me acuerdo de mi instante mágico, de aquel momento en el que un «sí» o un «no» puede cambiar toda nuestra existencia.

A ORILLAS DEL RÍO PIEDRA ME SENTÉ Y LLORÉ

SEPTIEMBRE

36	1	2	3	4	5	6	**7**
37	8	9	10	11	12	13	**14**
38	15	16	17	18	19	20	**21**
39	22	23	24	25	26	27	**28**
40	29	30					

17 Miércoles *San Roberto Belarmino y Santa Ariadna*

18 Jueves *San José de Cupertino*

19 Viernes *San Jenaro*

20 Sábado *San Andrés Kim Taegon*

El ser humano tiene dos grandes problemas:
el primero es saber cuándo comenzar, el segundo
es saber cuándo parar.

EL ZAHIR

36	1	2	3	4	5	6	**7**
37	8	9	10	11	12	13	**14**
38	15	16	17	18	19	20	**21**
39	22	23	24	25	26	27	**28**
40	29	30					

21 Domingo *San Mateo*

22 Lunes *Santos Mauricio y Cándido*

23 Martes *Santa Tecla*

Quien siente miedo, y a pesar de ello sigue adelante, sin dejarse intimidar, está demostrando su valentía. Quien, sin embargo, se enfrenta a situaciones arriesgadas sin darse cuenta del peligro, simplemente demuestra irresponsabilidad.

MAKTUB

SEPTIEMBRE

36	1	2	3	4	5	6	**7**
37	8	9	10	11	12	13	**14**
38	15	16	17	18	19	20	**21**
39	22	23	24	25	26	27	**28**
40	29	30					

24 Miércoles *Nuestra Señora de la Merced*

25 Jueves *San Sergio*

26 Viernes *Santos Cosme y Damián*

27 Sábado *San Vicente de Paúl*

Descubrir quienes somos nos obligará a aceptar que podemos ir mucho más allá de lo que estamos acostumbrados. Y eso nos asusta.

EL MANUSCRITO ENCONTRADO EN ACCRA

36	1	2	3	4	5	6	**7**
37	8	9	10	11	12	13	**14**
38	15	16	17	18	19	20	**21**
39	22	23	24	25	26	27	**28**
40	29	30					

28 Domingo *San Venceslao*

29 Lunes *Santos Miguel, Gabriel y Rafael*

30 Martes *San Jerónimo*

Los mejores aliados son aquellos
que no piensan como los demás.

EL CAMINO DEL ARQUERO

Semana 40

SEPTIEMBRE

36	1	2	3	4	5	6	**7**
37	8	9	10	11	12	13	**14**
38	15	16	17	18	19	20	**21**
39	22	23	24	25	26	27	**28**
40	29	30					

OCTUBRE

Comienzo

Tienes que estar siempre
dispuesto a enfrentar
cualquier riesgo para superar
tus propios límites.

VALQUIRIAS

Ahora que empezaste,
ve hasta el final.

LAS CONFESIONES DEL PEREGRINO

OCTUBRE

40			1	2	3	4	**5**
41	6	7	8	9	10	11	**12**
42	13	14	15	16	17	18	**19**
43	20	21	22	23	24	25	**26**
44	27	28	29	30	31		

1 Miércoles *Santa Teresa del Niño Jesús*

2 Jueves *Santos Ángeles Custodios*

3 Viernes *San Francisco de Borja*

4 Sábado *San Francisco de Asís*

Cuanto más entiendas de ti mismo,
más entenderás del mundo.

OCTUBRE

40			1	2	3	4	**5**
41	6	7	8	9	10	11	**12**
42	13	14	15	16	17	18	**19**
43	20	21	22	23	24	25	**26**
44	27	28	29	30	31		

5 Domingo *Santos Froilán y Atilano*

6 | Lunes *San Bruno*

7 | Martes *Nuestra Señora del Rosario*

Cuando amamos y creemos desde el fondo de nuestra alma en algo, nos sentimos más fuertes que el mundo, y sentimos una serenidad que nace de la seguridad de que nada podrá vencer nuestra fe.

EL PEREGRINO DE COMPOSTELA

OCTUBRE

40			1	2	3	4	**5**
41	6	7	8	9	10	11	**12**
42	13	14	15	16	17	18	**19**
43	20	21	22	23	24	25	**26**
44	27	28	29	30	31		

8 Miércoles *San Luis Bertrán*

9 Jueves *San Dionisio*

10 Viernes *Santo Tomás de Villanueva*

11 Sábado *Santa Soledad*

Las personas aprenden muy pronto su razón de vivir.
Quizás también sea por eso que desisten tan pronto.

EL ALQUIMISTA

40			1	2	3	4	**5**
41	6	7	8	9	10	11	**12**
42	13	14	15	16	17	18	**19**
43	20	21	22	23	24	25	**26**
44	27	28	29	30	31		

12 Domingo *Nuestra Señora del Pilar*

13 Lunes *San Eduardo*

14 Martes *San Calixto I*

Si tengo que ser fiel a alguien o a algo, en primer lugar tengo que ser fiel a mí mismo.

ONCE MINUTOS

OCTUBRE

40			1	2	3	4	**5**
41	6	7	8	9	10	11	**12**
42	13	14	15	16	17	18	**19**
43	20	21	22	23	24	25	**26**
44	27	28	29	30	31		

15 Miércoles

Santa Teresa de Jesús

16 Jueves

Santa Margarita María Alacoque

17 Viernes *San Ignacio de Antioquía*

18 Sábado *San Lucas*

No olvides que tu corazón está junto a tu tesoro y que debes hallarlo para que todo esto que descubriste durante el camino pueda tomar sentido.

EL ALQUIMISTA

40			1	2	3	4	**5**
41	6	7	8	9	10	11	**12**
42	13	14	15	16	17	18	**19**
43	20	21	22	23	24	25	**26**
44	27	28	29	30	31		

19 Domingo *San Pedro de Alcántara y Santa Laura*

20 Lunes *San Cornelio*

21 Martes *Santa Úrsula*

La primera gran virtud del que busca
el camino espiritual: coraje.

VALQUIRIAS

40			1	2	3	4	**5**
41	6	7	8	9	10	11	**12**
42	13	14	15	16	17	18	**19**
43	20	21	22	23	24	25	**26**
44	27	28	29	30	31		

22 Miércoles *Santas Nunilo y Alodia*

23 Jueves *San Juan de Capistrano*

24 Viernes *San Antonio María Claret*

25 Sábado *San Frutos y Santa Engracia*

Haciendo lo que está a nuestro alcance,
beneficiamos a todos.

COLUMNA PERIODÍSTICA – DOS CUENTOS CHINOS

OCTUBRE

40			1	2	3	4	**5**
41	6	7	8	9	10	11	**12**
42	13	14	15	16	17	18	**19**
43	20	21	22	23	24	25	**26**
44	27	28	29	30	31		

26 Domingo *Santos Luciano y Marciano*

27 Lunes *San Frumencio y Santa Sabina*

28 Martes *Santos Simón y Judas*

Hoy es el primer día del resto
de tu vida.

HIPPIE

OCTUBRE

40			1	2	3	4	**5**
41	6	7	8	9	10	11	**12**
42	13	14	15	16	17	18	**19**
43	20	21	22	23	24	25	**26**
44	27	28	29	30	31		

29 Miércoles *San Narciso*

30 Jueves *San Marcelo de León*

31 Viernes *San Alonso Rodríguez*

Cuando quieras una cosa, concéntrate solo en ella:
nadie jamás será capaz de dar en un blanco
que no consiga ver.

COLUMNA PERIODÍSTICA – LA IMPORTANCIA DEL FOCO

Semana 44

OCTUBRE

40			1	2	3	4	**5**
41	6	7	8	9	10	11	**12**
42	13	14	15	16	17	18	**19**
43	20	21	22	23	24	25	**26**
44	27	28	29	30	31		

NOVIEMBRE

Tiempo

En las flores está el verdadero
sentido del amor. Quien
intente poseer una flor, verá
marchitarse su belleza. Pero
quien se limite a mirar a una
flor en un campo,
permanecerá para
siempre con ella.

BRIDA

1 Sábado *Todos los Santos*

El momento presente está más allá del tiempo:
es la eternidad.

ALEPH

44						1	**2**
45	3	4	5	6	7	8	**9**
46	10	11	12	13	14	15	**16**
47	17	18	19	20	21	22	**23**
48	24	25	26	27	28	29	**30**

2 Domingo *Conmemoración de los Fieles Difuntos*

3 Lunes *San Martín de Porres y Santa Silvia*

4 Martes *San Carlos Borromeo*

Sigue el camino del arquero, pues es el recorrido de una vida. Pero aprende que un tiro correcto y certero es muy diferente a un tiro con paz en el alma.

EL CAMINO DEL ARQUERO

NOVIEMBRE

44						**1**	**2**
45	3	4	5	6	7	8	**9**
46	10	11	12	13	14	15	**16**
47	17	18	19	20	21	22	**23**
48	24	25	26	27	28	29	**30**

5 Miércoles *San Zacarías y Santa Isabel*

6 Jueves *San Severo*

7 Viernes *San Francisco Palau*

8 Sábado *Santa Isabel de la Trinidad*

Quien vive mucho en el pasado termina
sin presente para recordar.

COLUMNA PERIODÍSTICA – FRAGMENTOS DE UN DIARIO INEXISTENTE IV

44						**1**	**2**
45	3	4	5	6	7	8	**9**
46	10	11	12	13	14	15	**16**
47	17	18	19	20	21	22	**23**
48	24	25	26	27	28	29	**30**

9 Domingo *Nuestra Señora de la Almudena*

10 Lunes *San León Magno*

11 Martes *San Martín de Tours*

Ganar o perder es solo cuestión
de oportunidad.

A ORILLAS DEL RÍO PIEDRA ME SENTÉ Y LLORÉ

NOVIEMBRE

44						**1**	**2**
45	3	4	5	6	7	8	**9**
46	10	11	12	13	14	15	**16**
47	17	18	19	20	21	22	**23**
48	24	25	26	27	28	29	**30**

12 Miércoles *San Josafat*

13 Jueves *Santos Leandro y Diego de Alcalá*

14 Viernes *San José Pignatelli*

15 Sábado *San Alberto Magno*

El mundo será verdadero cuando el hombre sepa amar;
hasta entonces, viviremos creyendo que conocemos
el amor, pero sin valor para afrontarlo tal y como es.

EL ZAHIR

NOVIEMBRE

44						**1**	**2**
45	3	4	5	6	7	8	**9**
46	10	11	12	13	14	15	**16**
47	17	18	19	20	21	22	**23**
48	24	25	26	27	28	29	**30**

16 Domingo *Santa Gertrudis*

17 Lunes *Santa Isabel de Hungría*

18 Martes *Dedicación de las Basílicas de San Pedro y San Pablo*

Disfruta cada momento, para que después
no te arrepientas ni sientas que perdiste
tu juventud.

LA QUINTA MONTAÑA

NOVIEMBRE

44						**1**	**2**
45	3	4	5	6	7	8	**9**
46	10	11	12	13	14	15	**16**
47	17	18	19	20	21	22	**23**
48	24	25	26	27	28	29	**30**

19 Miércoles *Santa Matilde de Hackeborn*

20 Jueves *San Crispín*

21 Viernes *Presentación de Santa María*

22 Sábado *Santa Cecilia*

Permitiendo que ocurriesen cambios, me estaba transformando en un terreno fértil y dejando que la imaginación creadora lanzara semillas en mí.

EL PEREGRINO DE COMPOSTELA

NOVIEMBRE

44						**1**	**2**
45	3	4	5	6	7	8	**9**
46	10	11	12	13	14	15	**16**
47	17	18	19	20	21	22	**23**
48	24	25	26	27	28	29	**30**

23 Domingo *San Clemente I*

24 Lunes *San Andrés Dung-Lac*

25 Martes *Santa Catalina de Alejandría*

Decido vivir cada momento
como si fuese el último.

EL ZAHIR

NOVIEMBRE

44						**1**	**2**
45	3	4	5	6	7	8	**9**
46	10	11	12	13	14	15	**16**
47	17	18	19	20	21	22	**23**
48	24	25	26	27	28	29	**30**

26 Miércoles *San Leonardo de Puerto Mauricio*

27 Jueves *Santas Flora y María*

28 Viernes *Santa Catalina Labouré*

29 Sábado *San Saturnino*

Todos somos protagonistas de nuestras vidas, y muchas veces son los héroes anónimos los que dejan las marcas más duraderas.

DISCURSO DE POSESIÓN DE LA ACADEMIA BRASILEÑA DE LETRAS

NOVIEMBRE

44						**1**	**2**
45	3	4	5	6	7	8	**9**
46	10	11	12	13	14	15	**16**
47	17	18	19	20	21	22	**23**
48	24	25	26	27	28	29	**30**

30 Domingo *San Andrés*

DICIEMBRE

Destino

Deja que el universo se mueva
en torno a ti, descubre la alegría
de sorprenderte a ti mismo.

MAKTUB

1 Lunes *San Eloy*

2 Martes *Santa Bibiana*

Una simple decisión puede afectar a una persona
por el resto de su vida.

EL PEREGRINO DE COMPOSTELA

DICIEMBRE

49	1	2	3	4	5	**6**	**7**
50	**8**	9	10	11	12	13	**14**
51	15	16	17	18	19	20	**21**
52	22	23	24	**25**	26	27	**28**
1	29	30	31				

3 Miércoles *San Francisco Javier*

4 Jueves *San Juan Damasceno y Santa Bárbara*

5 Viernes *San Sabas*

6 Sábado *Día de la Constitución Española*

El futuro pertenece a Dios, y él solo lo revela
en circunstancias extraordinarias.

EL ALQUIMISTA

49	1	2	3	4	5	**6**	**7**
50	**8**	9	10	11	12	13	**14**
51	15	16	17	18	19	20	**21**
52	22	23	24	**25**	26	27	**28**
1	29	30	31				

7 Domingo *San Ambrosio*

8 Lunes *Inmaculada Concepción de María*

9 Martes *Santa Leocadia*

Hay cosas en la vida que, no importa del lado
que las veamos, continúan siendo siempre
las mismas, y valen para todo el mundo.

VERONIKA DECIDE MORIR

DICIEMBRE

49	1	2	3	4	5	**6**	**7**
50	**8**	9	10	11	12	13	**14**
51	15	16	17	18	19	20	**21**
52	22	23	24	**25**	26	27	**28**
1	29	30	31				

10 Miércoles *Santa Eulalia de Mérida*

11 Jueves *San Dámaso*

12 Viernes *Nuestra Señora de Guadalupe (México)*

13 Sábado *Santa Lucía*

En lugar de perder el tiempo diciendo «eso es bueno» o «eso es malo», tenemos que cumplir nuestro destino.

HIPPIE

49	1	2	3	4	5	**6**	**7**
50	**8**	9	10	11	12	13	**14**
51	15	16	17	18	19	20	**21**
52	22	23	24	**25**	26	27	**28**
1	29	30	31				

14 Domingo *San Juan de la Cruz*

15 Lunes *San Valeriano*

16 Martes *San José Manyanet*

Solo puedes aprender cuando enseñas.

EL PEREGRINO DE COMPOSTELA

DICIEMBRE

49	1	2	3	4	5	**6**	**7**
50	**8**	9	10	11	12	13	**14**
51	15	16	17	18	19	20	**21**
52	22	23	24	**25**	26	27	**28**
1	29	30	31				

17 Miércoles *San Juan de Mata*

18 Jueves *Nuestra Señora de la Esperanza*

19 Viernes *Santa Eva*

20 Sábado *Santo Domingo de Silos*

Dios está en la vida, y la vida está en Dios. Basta ser consciente de ello para entender mejor el destino.

MAKTUB

DICIEMBRE

49	1	2	3	4	5	**6**	**7**
50	**8**	9	10	11	12	13	**14**
51	15	16	17	18	19	20	**21**
52	22	23	24	**25**	26	27	**28**
1	29	30	31				

21 Domingo *San Pedro Canisio*

22 Lunes *Santa Francisca Javiera Cabrini*

23 Martes *San Juan de Kety*

Con la fuerza de nuestro amor, de nuestra voluntad, podemos cambiar nuestro destino, y el destino de mucha gente.

VALQUIRIAS

49	1	2	3	4	5	**6**	**7**
50	**8**	9	10	11	12	13	**14**
51	15	16	17	18	19	20	**21**
52	22	23	24	**25**	26	27	**28**
1	29	30	31				

24 Miércoles *San Delfín*

25 Jueves *Natividad de nuestro Señor Jesucristo*

26 Viernes *San Esteban*

27 Sábado *San Juan Evangelista*

Realmente la vida es generosa
con quien vive su leyenda personal.

EL ALQUIMISTA

DICIEMBRE

49	1	2	3	4	5	**6**	**7**
50	**8**	9	10	11	12	13	**14**
51	15	16	17	18	19	20	**21**
52	22	23	24	**25**	26	27	**28**
1	29	30	31				

28 Domingo *Santos Inocentes*

29 Lunes *Santo Tomás Becket*

30 Martes *San Rogerio*

Estamos destinados a crear una obra de arte. Es el punto central de nuestra vida y, por más que intentemos engañarnos, sabemos lo importante que es para nuestra felicidad. Generalmente, esta obra de arte está oculta por años de miedo, culpas e indecisiones.

MAKTUB

DICIEMBRE

49	1	2	3	4	5	**6**	**7**
50	**8**	9	10	11	12	13	**14**
51	15	16	17	18	19	20	**21**
52	22	23	24	**25**	26	27	**28**
1	29	30	31				

31 Miércoles *San Silvestre*

Título original: *Vínculos 2025*

Publicado de acuerdo con Sant Jordi Asociados, Agencia Literaria, S.L.U.
Barcelona, España
www.santjordi-asociados.com

Avinguda Diagonal, 662-664, 6.ª planta. 08034 Barcelona (España)
www.planetadelibros.com

ISBN: 978-84-0828-595-3

Selección de textos: Gemma Capdevila
© de la traducción: Ana Belén Costas, Alfonso Indecona, Montserrat Mira, Hinda Katia Schumer, Carlos Manzano de Frutos y M.ª Dolors Ventós
Ilustraciones: Catalina Estrada, www.catalinaestrada.com
Fotografía del autor: © Paul Macleod
Diseño: Lene Stangebye Geving / Mireia Barreras

Impresión y encuadernación: TBB, a. s., Eslovaquia, 2024

Primera edición: septiembre de 2024